La voix humaine

Jean Cocteau

La voix humaine

pièce en un acte

Stock

ISBN 978-2-234-05444-8

Préface

L'auteur aime les expériences. L'habitude étant prise de se demander ce qu'il prétendait faire après avoir vu ce qu'il a fait, peut-être est-il plus simple qu'il renseigne de première main.

Plusieurs mobiles l'ont déterminé à écrire cet acte :

1° Le mobile mystérieux qui pousse le poète à écrire alors que toutes ses paresses profondes s'y refusent et, sans doute, le souvenir d'une conversation surprise au téléphone, la singularité grave des timbres, l'éternité des silences.

2° On lui reproche d'agir par machines, de machiner trop ses pièces, de compter trop sur la mise en scène. Il importait donc d'aller au plus simple : un acte, une chambre, un personnage, l'amour, et l'accessoire banal des pièces modernes, le téléphone.

3° Le théâtre réaliste est à la vie ce que sont à la nature les toiles du Salon des Beaux-Arts. Il fallait peindre une femme assise, pas une certaine femme, une femme intelligente ou bête, mais une femme anonyme, et fuir le brio, le dialogue du tac au tac, les mots d'amoureuse aussi insupportables que les mots d'enfants, bref tout ce théâtre d'après le théâtre qui s'est vénéneusement, pâteusement et sournoisement substitué au théâtre tout court, au théâtre vrai, aux algèbres vivantes de Sophocle, de Racine et de Molière.

L'auteur se représente la difficulté de l'entreprise. C'est pourquoi, selon le conseil de Victor Hugo, il a lié la tragédie et le drame avec la comédie sous les auspices des imbroglios que propose l'appareil le moins propre à traiter les affaires du cœur.

4° Enfin, puisqu'on lui objecte souvent qu'il exige de ses interprètes une obéissance préjudiciable à leurs dons et qu'il réclame toujours la première place, l'auteur a souhaité écrire une pièce illisible, qui, de même que son ROMÉO s'intitule *prétexte à mise en scène*, serait un prétexte pour une actrice. Derrière son jeu, l'œuvre s'effacerait, le drame donnant l'occasion de jouer deux rôles, un lorsque l'actrice parle, un autre lorsqu'elle écoute et délimite le caractère du personnage invisible qui s'exprime par des silences.

P.-S. – Ce serait une faute de croire que l'auteur cherche la solution de

9

quelque problème psychologique. Il ne s'agit que de résoudre des problèmes d'ordre théâtral. Le mélange du théâtre, du prêche, de la tribune, du livre, étant le mal contre lequel il faudrait justement intervenir. Théâtre pur serait le terme à la mode, si théâtre pur, poésie pure, n'étaient un pléonasme ; poésie pure signifiant : poésie, et théâtre pur : théâtre. Il ne saurait en exister d'autres.

L'auteur ajoute qu'il a donné cet acte à la Comédie-Française pour rompre avec le pire des préjugés : celui du jeune théâtre contre les scènes officielles. Le *boulevard* ayant fait place au cinématographe et les scènes dites d'avant-garde ayant pris peu à peu la position du *boulevard*, un cadre officiel, cadre en or, reste le seul capable de souligner un ouvrage dont la nouveauté ne saute pas aux yeux.

Le public du nouveau boulevard s'attend à tout ; il est avide de sensations, ne respecte rien. La Comédie-Française possède encore un public avide de sentiments. La personnalité des auteurs disparaît au bénéfice d'un théâtre anonyme, un « spectacle de la Comédie-Française » propre à donner aux œuvres le relief et le recul dont elles jouissent lorsque l'actualité ne les déforme plus.

Décor

La scène, réduite, entourée du cadre rouge de draperies peintes, représente l'angle inégal d'une chambre de femme; chambre sombre, bleuâtre, avec, à gauche, un lit en désordre, et, à droite, une porte entr'ouverte sur une salle de bains blanche très éclairée. Au centre, sur la cloison, l'agrandissement photographique de quelque chef-d'œuvre penché ou bien un portrait de famille : bref, une image d'aspect maléficieux.

Devant le trou du souffleur, une chaise basse et une petite table : téléphone, livres, lampe envoyant une lumière cruelle.

décor réaliste/bourgeois en désordre/maléficieux

Le rideau découvre une chambre de meurtre. Devant le lit, par terre, une femme en longue chemise est étendue, comme assassinée. Silence. La femme se redresse, change de pose et reste encore immobile. Enfin, elle se décide, se lève, prend un manteau sur le lit, se dirige vers la porte après une halte en face du téléphone. Lorsqu'elle touche la porte, la sonnerie se fait entendre. Elle lâche le manteau et s'élance. Le manteau la gêne, elle l'écarte d'un coup de pied. Elle décroche l'appareil.

De cette minute elle parlera debout, assise, de dos, de face, de profil, à genoux derrière le dossier de la chaise-fauteuil, la tête coupée, appuyée sur le dossier, arpentera la chambre en traînant le fil, jusqu'à la fin où elle tombe sur le lit à plat ventre. Alors sa tête pendra et elle lâchera le récepteur comme un caillou.

Chaque pose doit servir pour une phase du monologue-dialogue (phase du chien – phase du mensonge – phase de l'abonnée, etc.). La nervosité ne se montre pas par de la hâte, mais par cette suite de poses dont chacune doit statufier le comble de l'inconfort.

Peignoir chemise, plafond, porte, fauteuil-chaise, housses, abat-jour blancs.

Trouver un éclairage du trou du souffleur qui forme une ombre haute derrière la femme assise et souligne l'éclairage de l'abat-jour.

Le style de cet acte excluant tout ce qui ressemble au brio, l'auteur recommande à l'actrice qui le jouera sans son contrôle de n'y mettre aucune ironie de femme blessée, aucune aigreur. Le personnage est une victime médiocre, amoureuse d'un bout à l'autre ; elle n'essaye qu'une seule ruse : tendre une perche à l'homme pour qu'il avoue son mensonge, qu'il ne lui laisse pas ce souvenir mesquin. Il voudrait que l'actrice donnât l'impression de saigner, de perdre son sang, comme une bête qui boite, de terminer l'acte dans une chambre pleine de sang.

Respecter le texte où les fautes de français, les répétitions, les tournures littéraires, les platitudes, résultent d'un dosage attentif.

Maquette de Christian Bérard.

Le personnage unique a été créé par Melle Berthe BOVY.

La Voix humaine a été représentée pour la première fois au théâtre de la Comédie-Française, le 17 février 1930.

La voix humaine

Allô, allô, allô . . . .
Mais non, Madame, nous sommes plu-
sieurs sur la ligne, raccrochez . . . .
Allô . . . . Vous êtes avec
une abonnée. . . . . Oh! . . . .
allô! . . . . Mais, Madame,
raccrochez vous-même . . . . Allô,
Mademoiselle, allô . . . . Laissez-
nous . . . . . . Mais non, ce n'est pas le
docteur Schmit . . . . Zéro huit, pas
zéro sept. . . . . . allô! . . . . . . c'est ridicule . . . . On me demande; je ne
sais pas. (Elle raccroche, la main sur le
récepteur. On sonne.) . . . . Allô! . . . . Mais,
Madame, que voulez-vous que j'y

fasse ? . . . . Vous êtes très désagréable. . . . . Comment, ma
faute. . . . . . pas du tout. . . . . . pas du
tout. . . . . . . Allô !. . . . . . . allô, Mademoiselle. . . . . . . On me sonne et je ne
peux pas parler. Il y a du monde sur la
ligne. Dites à cette dame de se retirer.
(Elle raccroche. On sonne.) Allô ! c'est toi ?
. . . . c'est toi ?. . . . . . . Oui . . . .
J'entends très mal . . . . tu es très
loin, très loin . . . . . . Allô ! . . . . . . c'est
affreux . . . . il y a plusieurs per-
sonnes sur la ligne . . . . . . Redemande.
Allô ! *Re-de-mande* . . . . . Je dis : redemande-moi . . . . . . Mais, Madame, retirez-vous. Je vous répète que je ne suis
pas le docteur Schmit . . . . Allô ! . . . . .
(Elle raccroche. On sonne.)

Ah ! enfin . . . . c'est toi. . . . .
oui. . . . . . très bien. . . . . . allô ! . . . . . .
oui. . . . . . . C'était un vrai supplice de
t'entendre à travers tout ce monde. . . .

. . . . oui . . . . oui . . . .
. . . .
non . . . . c'est une chance. . . . .
Je rentre il y a dix minutes. . . . . . . Tu
n'avais pas encore appelé ? . . . .
ah ! . . . . non, non . . . . J'ai
dîné dehors. . . . . . chez Marthe . . . . . .
Il doit être onze heures un quart . . . . .
Tu es chez toi ? . . . . Alors regarde
la pendule électrique. . . . . C'est ce
que je pensais . . . . Oui, oui, mon
chéri. . . . . Hier soir ? Hier
soir je me suis couchée tout de suite et
comme je ne pouvais pas m'endormir
j'ai pris un comprimé . . . . . non . . . . .
un seul . . . . à neuf heures. . . . .
J'avais un peu mal à la tête, mais je
me suis secouée. Marthe est venue. Elle
a déjeuné avec moi. J'ai fait des courses.
Je suis rentrée à la maison. J'ai mis
toutes les lettres dans le sac jaune.
J'ai. . . . . Quoi ?. . . . . Très

forte . . . . je te jure . . . . J'ai
beaucoup, beaucoup de courage . . . . . .
. . . . . Après ? Après je me suis habillée,
Marthe est venue me prendre et
voilà . . . . Je rentre de chez elle.
Elle a été parfaite . . . . Très, très
bonne, parfaite . . . . Elle a cet air,
mais elle ne l'est pas. Tu avais raison,
comme toujours . . . .
. . . . Ma robe rose, avec la
fourrure . . . . Mon chapeau
noir . . . . Oui, j'ai encore mon
chapeau sur la tête . . . . non, non,
je ne fume pas. Je n'ai fumé que trois
cigarettes . . . . Si, c'est vrai . . . .
. . . . . . Si, si . . . .
. . . . tu es gentil . . . .
Et toi, tu rentres ? . . . . Tu es
resté à la maison . . . . Quel
procès ? . . . . Ah ! oui . . . .
il ne faut pas te fatiguer . . . . Allô !
allô ! ne coupez pas. Allô ! . . . .

22

allô! chéri .... allô! .... Si
on coupe, redemande-moi tout de
suite .... naturellement.........
Allô! Non ...... je suis là ...... Le
sac? .... Tes lettres et les
miennes. Tu peux le faire prendre
quand tu veux .... Un peu
dur......... Je comprends ....
Oh! mon chéri, ne t'excuse pas,
c'est très naturel et c'est moi qui suis
stupide. ....
....
...... Tu es gentil................
....
.... Tu es gentil .....
...... Moi non plus, je ne me croyais
pas si forte. Il
ne faut pas m'admirer. Je bouge un peu
comme une somnambule. Je m'habille,
je sors, je rentre machinalement. Je
serai peut-être moins brave demain ...
....
.... Toi? ....

23

Mais non........ mais, mon chéri, je n'ai pas l'ombre d'un reproche à te faire.............je............. je .... laisse............ Comment?.............. Très naturel .... Au contraire .... Il .... il a toujours été convenu que nous agirions avec franchise et j'aurais trouvé criminel que tu me laisses sans rien savoir jusqu'à la dernière minute. Le coup aurait été trop brutal, tandis que là, j'ai eu le temps de m'habituer, de comprendre .... Quelle comédie? .... Allô! .... Qui?............. que je te joue la comédie, moi!.......... Tu me connais, je suis incapable de prendre sur moi .... Pas du tout .... Pas du tout .... Très calme .... Tu l'entendrais .... Je dis : tu l'entendrais.

Je n'ai pas la voix d'une personne qui cache quelque chose............
... Non. J'ai décidé d'avoir du courage et j'en aurai.......... Permets .....
..... 3 ce n'était pas pareil..........
c'est possible, mais on a beau se douter, s'attendre au malheur, on tombe toujours à la renverse..................
N'exagère pas........... j'ai tout de même eu le temps de m'habituer. Tu avais pris le soin de me dorloter, de m'endormir......................
Notre amour marchait contre trop de choses. Il fallait résister, refuser cinq ans de bonheur ou accepter les risques. Je n'ai jamais pensé que la vie s'arrangerait. Je paye cher une joie sans prix .... Allô .... *sans prix* et je ne regrette .... je ne........
je ne regrette rien - rien - rien ....
....
Tu .... tu te
trompes .... tu te .... tu te

. . . . tu te trompes. J'ai . . . .
. . . . Allô! . . . . j'ai
ce que je mérite. J'ai voulu être folle et
avoir un bonheur fou . . . .
chéri . . . . écoute . . . . allô!
. . . . chéri . . .
. . . . . laisse . . . . allô . . . .
laisse-moi parler. Ne t'accuse pas. Tout
est ma faute. Si, si . . . .
Souviens-toi du dimanche de Versailles
et du pneumatique . . . . . . Ah! . . . .
Alors! . . . . C'est *moi* qui ai voulu
venir, c'est *moi* qui t'ai fermé la bouche,
c'est *moi* qui t'ai dit que tout m'était
égal . . . . Non . . . .
. . . . . non . . . . non . . . . .
là, tu es injuste . . . . J'ai . . . .
j'ai téléphoné la première . . . .
non, le mardi . . . . un
mardi . . . . J'en suis sûre. Un
mardi 27. Ta dépêche était arrivée le
lundi soir, le 26. Tu penses bien que je
connais ces dates par cœur . . . .

. . . . ta mère ? Pourquoi . . .
. . . . Ce n'est vraiment pas la peine . . .
. . . . Je ne sais pas encore. . . . . . .
. . . . . Oui. . . . . peut-être. . . . .
Oh ! non, sûrement pas tout de suite, et
toi ? . . . . Demain ?. . . . .
. . . . Je ne savais pas que c'était si
rapide . . . . Alors, attends. . . . .
c'est très simple . . . . demain
matin le sac sera chez le concierge.
Joseph n'aura qu'à passer le prendre
. . . . Oh ! moi, tu sais,
il est possible que je reste, comme il est
possible que j'aille passer quelques jours
à la campagne, chez Marthe. . . . .
. . . .
. . . . Il est là. Il est comme une
âme en peine. Hier, il passait son temps
entre le vestibule et la chambre. Il me
regardait. Il dressait les oreilles. Il
écoutait. Il te cherchait partout. Il avait
l'air de me reprocher de rester assise et
de ne pas chercher avec lui . . . .

. . . .
Je trouve que le mieux serait que tu le
prennes . . . . Si cette bête
doit être malheureuse . . . .
Oh! moi! . . . . Ce n'est pas
un chien de femme. Je m'en occuperais
mal. Je ne le sortirais pas. Il vaudrait
bien mieux qu'il reste avec toi . . . .
. . . . Il m'oublierait vite . . . .
Nous verrons . . . . nous
verrons . . . . Ce n'est pas
bien compliqué. Tu n'aurais qu'à dire
que c'est le chien d'un ami. Il aime
beaucoup Joseph. Joseph viendrait le
prendre . . . . Je lui met-
trais le collier rouge. Il n'a pas de
plaque . . . . Nous verrons
. . . . oui . . . .
. . . . oui . . . .
. . . . oui, mon chéri . . . .
entendu . . . . mais oui, mon
chéri . . . . Quels gants ? . . . .
. . . . Tes gants fourrés, les gants que tu

28

avais pour conduire la voiture ? . . . . . .
. . . . Je ne sais pas. Je n'ai rien vu.
C'est possible. Je vais voir. . . . .
Tu attends. Ne te laisse pas couper.

(Elle ramasse sur la table, derrière la lampe, des
gants crispin fourrés qu'elle embrasse passionné-
ment. Elle parle avec les gants contre sa joue.)

Allô . . . . . . allô . . . . . . non. . . . . . .
j'ai cherché sur la commode, sur le
fauteuil, dans l'antichambre, partout.
Ils n'y sont pas . . . .
Écoute . . . . je vais voir encore,
mais je suis certaine . . . .
Si par hasard on les retrouve demain
matin, je les ferai mettre en bas avec le
sac. . . . . Chéri ? . . . .
Les lettres . . . . oui. . . . .
tu les brûleras . . . . Je vais te
demander une chose idiote . . . .
Non, voilà, je voulais te dire, si tu les
brûles, j'aimerais que tu gardes la

cendre dans la petite boîte d'écaille que je t'avais donnée pour les cigarettes, et que tu . . . . Allô ! . . . . non . . . . je suis stupide . . . . pardonne-moi. J'étais très forte. (Elle pleure.) . . . . Là, c'est fini. Je me mouche. Enfin je serais contente d'avoir cette cendre, voilà . . . . Comme tu es bon ! . . . . Ah !
(L'actrice dira le passage entre guillemets dans la langue étrangère qu'elle connaît le mieux.)

« Pour les papiers de ta sœur, j'ai tout brûlé dans le fourneau de la cuisine. J'ai pensé d'abord à ouvrir pour enlever le dessin dont tu m'avais parlé, mais puisque tu m'avais dit de tout brûler, j'ai tout brûlé . . . . Ah ! bon . . . . bon . . . . oui » . . . . (en français) C'est vrai, tu es en robe de chambre . . . . Tu te couches ? . . . .

Il ne faut pas travailler si tard, il faut te coucher si tu te lèves tôt demain matin. Allô ! .... Allô !......... et comme ça ?............ Pourtant je parle très fort.................. .... Et là, tu m'entends ?........ Je dis : et là, tu m'entends ?.......... c'est drôle parce que moi je t'entends comme si tu étais dans la chambre.... .... Allô ! .... allô ! allô !............ Allons, bon ! maintenant c'est moi qui ne t'entends plus .... Si, mais très loin, très loin .... Toi tu m'entends. C'est chacun son tour............... ...... Non, ne raccroche pas !...... Allô !.............. Je parle, Mademoiselle, je parle ! .... Ah ! Je t'entends. Je t'entends très bien. Oui, c'était désagréable. On croit être mort. On entend et on ne peut pas se faire entendre........... Non, très, très bien. C'est même inouï qu'on nous laisse parler si longtemps. D'habitude on coupe au bout de trois minutes et on redonne un faux numéro . . . . Si, si . . . . j'entends même mieux que tout à l'heure, mais ton appareil résonne. On dirait que ce n'est pas ton appareil . . . . Je te vois, tu sais. (Il lui fait deviner.) . . . . Quel foulard ? . . . . Le foulard rouge . . . . Ah ! . . . . penchée à gauche . . . . Tu as tes manches retroussées . . . . ta main gauche ? le récepteur. Ta main droite ? ton stylographe. Tu dessines sur le buvard des profils, des cœurs, des étoiles. Tu ris ! J'ai des yeux à la place des oreilles . . . . (Avec un geste machinal de se cacher la figure.) . . . . Oh ! non, mon chéri, surtout ne me regarde pas . . . .

Peur?.......... Non, je n'aurai pas peur .... c'est pire..........
.... Enfin je n'ai plus l'habitude de dormir seule...............
...... Oui ....
oui......... oui.......... oui, oui ..... je te promets ..... je, je......
.... je te promets .... je te promets
....
.... tu es gentil...........
.... Je ne sais pas. J'évite de me regarder. Je n'ose plus allumer dans le cabinet de toilette. Hier, je me suis trouvée nez à nez avec une vieille dame...................
Non, non! une vieille dame maigre avec des cheveux blancs et une foule de petites rides ....
.... Tu es bien bon! mais, mon chéri, une figure admirable, c'est pire que tout, c'est pour les artistes ....
.... J'aimais mieux quand tu disais : Regardez-moi cette vilaine petite

gueule ! . . . .
. . . . Oui, cher Monsieur ! . . . .
Je plaisantais. . . . . Tu es
bête . . . .
. . . . *Heureusement* que tu
es maladroit et que tu m'aimes. Si tu ne
m'aimais pas et si tu étais adroit, le téléphone deviendrait une arme effrayante.
Une arme qui ne laisse pas de traces, qui
ne fait pas de bruit . . . .
Moi, méchante ?. . . . . . . Allô ! . . . .
allô ! allô ! . . . . allô, chéri . . . .
où es tu ?. . . . . Allô, allô allô,
Mademoiselle. (Elle sonne.) Allô, Mademoiselle, on coupe. (Elle raccroche. Silence.
Elle décroche.) Allô ! (Elle sonne.) Allô !
allô ! (Elle sonne.) Allô, Mademoiselle. (Elle
sonne. On sonne.) Allô, c'est toi ?. . . . .
. . . . Mais non, Mademoiselle. On
m'a coupée. . . . . Je ne sais
pas. . . . . . c'est-à-dire. . . . . . si . . . . . .
. . . . attendez. . . . . Auteuil
04 virgule 7. Allô !. . . . .

34

. . . . Pas libre ? . . . .
. . . . Allô, Mademoiselle, il
me redemande . . . . Bien. (Elle
raccroche. On sonne.) Allô! allô! 04 virgule 7? Non, pas 6, 7. Oh! (Elle sonne.)
Allô! . . . . allô, Mademoiselle.
On se trompe. On me donne le virgule 6. Je demande le virgule 7. 04,
virgule 7 Auteuil. (Elle attend.) Allô!
Auteuil 04 virgule 7? Ah! oui. C'est vous
Joseph . . . . C'est Madame . . . .
. . . . On nous a coupés avec
Monsieur . . . . Pas là? . . . .
oui . . . . oui . . . . il ne rentre
pas ce soir . . . . c'est vrai
je suis stupide! Monsieur me télé-
phonait d'un restaurant, on a coupé
et, je redemande son numéro . . . .
. . . . Excusez-moi,
Joseph . . . . Merci . . . . merci
bien . . . . . . Bonsoir, Joseph . . . .
(Elle raccroche et se trouve presque mal. On
sonne.)

35

Allô! ah! chéri! c'est toi?. . . . .
On avait coupé . . . . Non, non.
J'attendais. On sonnait, je décrochais et
il n'y avait personne . . . .
Sans doute. . . . . Bien sûr . . . .
Tu as sommeil . . . . Tu es bon
d'avoir téléphoné . . . . très bon
(Elle pleure.). . . . . (Silence.) . . . .
Non, je suis là . . . . Quoi. . . . .
. . . . Pardonne. . . . C'est
absurde . . . . Rien, rien. . . . .
Je n'ai rien . . . .
. . . . Je te jure
que je n'ai rien . . . . C'est
pareil. . . . . Rien du tout. Tu
te trompes . . . . Le même
que tout à l'heure. . . . . Seulement, tu comprends, on parle, on parle,
on ne pense pas qu'il faudra se taire,
raccrocher, retomber dans le vide, dans
le noir . . . . alors . . . . (Elle
pleure.). . . . . Écoute, mon amour.
Je ne t'ai jamais menti . . . . Oui,

je sais, je sais, je te crois, j'en suis convaincue............ non, ce n'est pas ça .... c'est parce que je viens de mentir .... Tout de suite......... là......... au téléphone, depuis un quart d'heure, je mens. Je sais bien que je n'ai plus aucune chance à attendre, mais mentir ne porte pas la chance et puis je n'aime pas te mentir, je ne peux pas, je ne veux pas te mentir, même pour ton bien .... Oh! rien de grave, mon chéri, ne t'effraye pas..... Seulement je mentais en te décrivant ma robe et en te disant que j'avais dîné chez Marthe........... Je n'ai pas dîné, je n'ai pas ma robe rose. J'ai un manteau sur ma chemise parce qu'à force d'attendre ton téléphone, à force de regarder l'appareil, de m'asseoir, de me lever, de marcher de long en large, je devenais folle, folle! Alors j'ai mis un manteau et j'allais sortir, prendre un

taxi, me faire mener devant tes fenêtres, pour attendre . . . .
. . . . Eh bien! attendre, attendre je ne sais quoi. . . . .
. . . . Tu as raison. . . .
. . . .
. . . . . Si. . . . . . . Si, je t'écoute. . . . .
. . . . . . Je serai sage. . . . . . Je t'écoute
. . . . Je répondrai à tout, je te jure . . . .
. . . . . . Ici. . . . . Je n'ai rien mangé . . . . Je ne pouvais pas . . . . J'ai été très malade. . . . .
. . . . . Hier soir, j'ai voulu prendre un comprimé pour dormir; je me suis dit que si j'en prenais plus je dormirais mieux et que si je les prenais tous, je dormirais, sans rêve, sans réveil, je serais morte. (Elle pleure.) . . . .
. . . . J'en ai avalé douze. . . . .
. . . . dans de l'eau chaude. . . . . . .
. . . . . Comme une masse. Et j'ai eu un

rêve. J'ai rêvé ce qui est. Je me suis réveillée en sursaut toute contente parce que c'était un rêve, et quand j'ai su que c'était vrai, que j'étais seule, que je n'avais pas la tête sur ton cou et sur ton épaule, et mes jambes entre tes jambes, j'ai senti que je ne pouvais pas, que je *ne pouvais pas* vivre ....
....
.... légère, légère et froide et je ne sentais plus mon cœur battre et la mort était longue à venir et comme j'avais une angoisse épouvantable, au bout d'une heure j'ai téléphoné à Marthe. Je n'avais pas le courage de mourir seule...............................
.... Chéri ....
Chéri......... Il était quatre heures du matin. Elle est arrivée avec le docteur qui habite son immeuble. J'avais plus de quarante. Il paraît que c'est très difficile de s'empoisonner et qu'on se

39

trompe toujours de dose. Le docteur a fait une ordonnance et Marthe est restée près de moi jusqu'à ce soir. Je l'ai suppliée de partir parce que tu avais dit que tu téléphonerais une dernière fois et j'avais peur qu'on m'empêche de parler . . . . Très, très bien. . . . . Plus du tout. . . . . . . Si, c'est vrai . . . . Un peu de fièvre. . . . . 38°3 . . . . c'était nerveux . . . . ne t'inquiète pas . . . . Que je suis maladroite! Je m'étais juré de ne pas te donner d'inquiétude, de te laisser partir tranquille, de te dire au revoir comme si nous devions nous retrouver demain . . . . On est bête . . . . . Si, si, bête! . . . . Ce qui est dur c'est de raccrocher, de faire le noir . . . . (Elle pleure.) . . . . Allô! . . . . . Je croyais

qu'on avait coupé . . . .
Tu es bon, mon chéri. . . . . Mon
pauvre chéri à qui j'ai fait du mal. . . . .
. . . . Oui, parle, parle, dis
n'importe quoi . . . . Je souffrais
à me rouler par terre et il suffit que tu
parles pour que je me sente bien, que
je ferme les yeux. Tu sais, quelquefois
quand nous étions couchés et que j'avais
ma tête à sa petite place avec mon
oreille contre ta poitrine et que tu par-
lais, j'entendais ta voix, exactement la
même que ce soir dans l'appareil . . . . .
. . . . Lâche ? . . . . c'est moi
qui suis lâche. Je m'étais juré . . . .
. . . . . je . . . . Par exemple ! Toi
qui . . . . toi . . . . toi qui ne
m'as jamais donné que du bonheur . . . .
. . . . Mais, mon chéri, je
le répète, ce n'est pas exact. Puisque
je savais – je *savais* – j'attendais ce
qui est arrivé. Alors que tant de femmes

s'imaginent passer leur existence auprès de l'homme qu'elles aiment et apprennent la rupture sans préparatifs – *Je savais* – . . . . Même, je ne te l'ai jamais dit, mais, tiens, chez la modiste, dans un magazine, j'ai vu sa photographie. . . . . Sur la table, grand ouvert à la bonne page . . . . C'est humain ou plutôt féminin . . . . Parce que je ne voulais pas gâcher nos dernières semaines. . . . . non. Tout naturel . . . . Ne me fais pas meilleure que je ne suis . . . . Allô ! J'entends de la musique . . . . Je dis : J'entends de la musique. . . . . Eh bien, tu devrais cogner au mur et empêcher ces voisins de jouer du gramophone à des heures pareilles. Ils ont pris de mauvaises habitudes parce que tu n'habitais jamais chez

toi . . . .
. . . . C'est inutile. Du reste, le docteur de Marthe reviendra demain. . .
. . . . Non, mon chéri. C'est un très bon docteur et il n'y a aucune raison pour que je le blesse en en faisant venir un autre . . . .
. . . . Ne t'inquiète pas . . . .
. . . . . . Mais oui . . . mais oui . . . . . .
. . . . Elle te donnera des nouvelles . . . .
. . . .
. . . .
. . . .
. . . . . . Je comprends . . . . je comprends . . . . Du reste, cette fois-ci, je suis brave, très brave. . . . . . .
. . . . Quoi ? . . . . Oh ! si, mille fois mieux. Si tu n'avais pas appelé, je serais morte . . . .
. . . . Non. . . . . attends . . . . attends . . . . Trouvons un moyen. . . . . (Elle marche de long en large et sa souffrance lui tire des plaintes.)

43

. . . . Pardonne-moi. Je sais que cette scène est intolérable et que tu as bien de la patience, mais comprends-moi, je souffre, je souffre. Ce fil, c'est le dernier qui me rattache encore à nous. . . . . Avant-hier soir ? j'ai dormi. Je m'étais couchée avec le téléphone. . . . . Non, non. Dans mon lit . . . . . . Oui. Je sais. Je suis très ridicule, mais j'avais le téléphone dans mon lit parce que, malgré tout, on est relié par le téléphone. Il va chez toi et puis j'avais cette promesse de ton coup de télé-phone. Alors, figure-toi que j'ai fait une foule de petits rêves. Ce coup de télé-phone devenait un vrai coup que tu me donnais et je tombais, ou bien un cou, un cou qu'on étrangle, ou bien j'étais au fond d'une mer qui ressemblait à l'appar-tement d'Auteuil, et j'étais reliée à toi par un tuyau de scaphandre et je te suppliais de ne pas couper le tuyau

– enfin des rêves stupides si on les raconte; seulement dans le sommeil ils vivaient et c'était terrible . . . .
. . . . Parce que tu me parles. Voilà cinq ans que je vis de toi, que tu es mon seul air respirable, que je passe mon temps à t'attendre, à te croire mort si tu es en retard, à mourir de te croire mort, à revivre quand tu entres et quand tu es là enfin, à mourir de peur que tu partes. Maintenant, j'ai de l'air parce que tu me parles. Mon rêve n'est pas si bête. Si tu coupes, tu coupes le tuyau. . . . .
. . . .
. . . . . . C'est entendu, mon amour; j'ai dormi. J'ai dormi parce que c'était la première fois. Le docteur l'a dit : c'est une intoxication. Le premier soir, on dort. Et puis la souffrance distrait, elle est toute neuve, on la supporte. Ce qu'on ne supporte pas c'est la seconde

nuit, hier, et la troisième, ce soir, dans quelques minutes et demain et après-demain et des jours et des jours à faire quoi, mon Dieu ? . . . .
. . . .
. . . . Je n'ai pas de fièvre, pas la moindre fièvre ; je vois juste . . . .
. . . . C'est parce que c'est inso-luble que j'aurais mieux fait d'avoir du courage et te raconter des mensonges
. . . . Et. . . . . et en admettant que je dorme, après le som-meil il y a les rêves et le réveil et manger et se lever et se laver et sortir et aller où ? . . . .
. . . . . . Mais, mon pauvre chéri, je n'ai jamais eu rien d'autre à faire que toi. . .
. . . . Pardon ! J'étais toujours prise, c'est entendu. Prise par toi, pour toi . . . .
. . . . . Marthe a sa vie organisée. . . . .
. . . . C'est comme si tu

demandais à un poisson comment il compte arranger sa vie sans eau ......
.... Je te le répète, je n'ai besoin de personne........... Des distractions! Je vais t'avouer une chose qui n'est pas très poétique mais qui est vraie. Depuis ce fameux dimanche soir, je n'ai été distraite qu'une seule fois, chez le dentiste, quand il m'a touché un nerf ....
.....................Seule......
.............Seule.............
....
...... Voilà deux jours qu'il ne quitte pas l'antichambre.............. J'ai voulu l'appeler, le caresser. Il refuse qu'on le touche. Un peu plus, il me mordrait........... Oui, moi, moi! Il retourne les lèvres et il grogne. C'est un autre chien, je t'assure. Il me fait peur .... Chez Marthe? Je te répète qu'on ne peut pas l'approcher.

Marthe a eu toutes les peines du monde à sortir. Il ne voulait pas laisser ouvrir la porte. . . . . C'est même plus prudent. Je te jure qu'il m'effraye. Il ne mange plus. Il ne bouge plus. Et quand il me regarde il me donne la chair de poule . . . . Comment veux-tu que je sache ? Il croit peut-être que je t'ai fait du mal. . . . . Pauvre bête ! . . . . Je n'ai aucune raison de lui en vouloir. Je ne le comprends que trop bien. Il t'aime. Il ne te voit plus rentrer. Il croit que c'est ma faute . . . . Essaye d'envoyer Joseph. . . . . Je crois qu'il suivrait Joseph . . . . Oh ! moi . . . . Un peu plus, un peu moins . . . . Il ne m'adorait pas du tout. La preuve ! . . . . Il en avait l'air, c'est possible, mais je te jure bien qu'il ne faudrait pas que je le

48

touche . . . . Si tu ne veux pas le reprendre je le mettrai chez un garde. C'est inutile que ce chien tombe malade et devienne méchant . . . . Il ne mordra personne s'il est chez toi. Il aimera ceux que tu aimes . . . . Enfin, je voulais dire : il aimera les gens avec lesquels tu vis . . . . Oui, mon chéri. C'est entendu ; mais c'est un chien. Malgré son intelligence, il ne peut pas le deviner . . . . Je ne me gênais pas devant lui. Alors Dieu sait ce qu'il a vu ! . . . . Je veux dire qu'il ne me reconnaît peut-être pas, que je lui ai peut-être fait peur . . . . On ne sait jamais . . . . Au contraire . . . . Regarde, tante Jeanne, le soir où je lui ai appris que son fils avait été tué. Elle est très pâle et très petite – Eh bien, elle est devenue toute rouge et géante. . . . .

. . . . Une géante rouge; elle cognait le plafond avec sa tête et elle avait des mains partout, et son ombre remplissait la chambre et elle faisait peur . . . . *elle faisait peur!* . . . .

. . . . Je te demande pardon. Justement sa chienne. Elle se cachait sous la commode et elle aboyait comme après une bête . . . . Mais, je ne sais pas, mon chéri! Comment veux-tu que je sache? On n'est plus soi-même. J'ai dû faire des choses effrayantes. Pense que j'ai déchiré tout le paquet de mes photographies et l'enveloppe du photographe d'un seul coup, sans m'en apercevoir. Même pour un homme ce serait un tour de force. . . . .

. . . . Celles pour le permis . . . .

. . . . Quoi?. . . . . Non, puisque je n'ai plus besoin de permis

. . . . Ce n'est pas une perte.
J'étais affreuse . . . .
. . . . Jamais! J'ai eu la chance de te
rencontrer en voyageant. Maintenant, si
je voyageais, je pourrais avoir la mal-
chance de te rencontrer . . . .
. . . . N'insiste pas. . . . .
Laisse. . . . . Allô! Allô! Madame,
retirez-vous. Vous êtes avec des abonnés.
Allô! mais non, Madame . . . .
. . . . Mais, Madame, nous ne
cherchons pas à être intéressants. Vous
n'avez qu'à ne pas rester sur la ligne
. . . .
. . . . . . Si vous nous trouvez ridicules,
pourquoi perdez-vous votre temps au
lieu de raccrocher? . . . .
. . . . Oh! . . . . Mon chéri!
mon chéri! Ne te fâche pas . . . .
. . . . Enfin! . . . . non, non.
Cette fois, c'est moi. Je touchais le
récepteur. Elle a raccroché. Elle a

51

raccroché tout de suite après avoir dit
cette chose ignoble ..... Allô!......
Tu as l'air frappé........... Si, tu es
frappé à cause de ce que tu viens d'entendre, je connais ta voix...........
Tu es frappé! .... Je...........
.... mais mon chéri, cette femme doit
être très mal et elle ne te connaît pas.
Elle croit que tu es comme les autres
hommes .... Mais non, mon
chéri! Ce n'est pas du tout pareil.....
.... Quels remords?.........
Allô! .... laisse, laisse. Ne pense
plus à cette stupidité. C'est fini.......
.... Que tu es naïf!..........
Qui? N'importe qui. Avant-hier j'ai
rencontré la personne dont le nom com-
mence par S................ Par la
lettre S – B.S. – oui, Henri Martin
.... Elle m'a demandé si tu
avais un frère et si c'était lui dont on
annonce le mariage ....

. . . . Qu'est-ce que tu veux que ça me fasse ? . . . . La vérité . . . . Un air de condoléances . . . . Je t'avoue que je ne me suis pas éternisée. J'ai dit que j'avais du monde à la maison . . . . Ne cherche pas midi à quatorze heures, c'est très simple. Les gens détestent qu'on les lâche, et peu à peu j'ai lâché tout le monde. . . . . Je ne voulais pas perdre une minute de nous. . . . . Complète-ment égal. Ils peuvent dire ce qu'ils veulent. . . . . Il faut être juste. Notre situation est inexplicable pour les gens . . . . Pour les gens. . . . . Pour les gens, on s'aime ou on se déteste. Les ruptures sont des ruptures. Ils regardent vite. Tu ne leur feras jamais comprendre . . . . Tu. . . . . tu ne leur feras jamais

comprendre certaines choses . . . .
. . . .
. . . . Le mieux
est de faire comme moi et de s'en
moquer . . . . Complètement
(Elle pousse un cri de douleur sourde.) Oh!
. . . . Rien. Je parle,
je parle; je crois que nous parlons
comme d'habitude et puis tout à coup
la vérité me revient . . . . (Larmes.)
. . . . Pourquoi se faire des
illusions ? . . . . Oui. . . . .
. . . . oui . . . . Non! Dans le
temps, on se voyait. On pouvait perdre
la tête, oublier ses promesses, risquer
l'impossible, convaincre ceux qu'on
adorait en les embrassant, en s'accro-
chant à eux. Un regard pouvait changer
tout. Mais avec cet appareil, ce qui est
fini est fini . . . .
Sois tranquille. On ne se suicide pas
deux fois. . . . .

. . . . Peut-être, pour essayer de dormir. . . . .

. . . . Je ne saurais pas acheter un revolver. Tu ne me vois pas achetant un revolver ! . . . .

. . . . Où trouverai-je la force de combiner un mensonge, mon pauvre adoré ? . . . .

. . . . Aucune . . . . J'aurais dû avoir de la force. Il y a des circonstances où le mensonge est utile. Toi, si tu me mentais pour rendre la séparation moins pénible. . . . . Je ne dis pas que tu mentes. Je dis : si tu mentais et que je le sache. Si, par exemple, tu n'étais pas chez toi et que tu me dises. . . . . Non, non, mon chéri ! Écoute . . . . Je te crois . . . . Je n'ai pas voulu dire que je ne te croyais pas . . . . Pourquoi te fâches-tu ? . . . . . .

. . . . . Si, tu prends une voix méchante. Je disais simplement que si tu me trompais par bonté d'âme et que je m'en aperçoive, je n'en aurais que plus de tendresse pour toi . . . . Allô ! allô ! . . . . Allô ! . . . . (Elle raccroche en disant bas et très vite.) Mon Dieu, faites qu'il redemande. Mon Dieu, faites qu'il redemande. Mon Dieu, faites qu'il redemande. Mon Dieu, faites qu'il redemande. Mon Dieu, faites (On sonne. Elle décroche.) On avait coupé. J'étais en train de te dire que si tu me mentais par bonté et que je m'en aperçoive, je n'en aurais que plus de tendresse pour toi . . . . Bien sûr . . . . Tu es fou !. . . . . Mon amour. mon cher amour. . . . . (Elle enroule le fil autour de son cou.) . . . .

. . . . Je sais bien qu'il le faut, mais c'est atroce. . . . . Jamais je n'aurai ce courage. . . . . Oui. On a l'illusion d'être l'un contre l'autre et brusquement on met des caves, des égouts, toute une ville entre soi . . . . Tu te souviens d'Yvonne qui se demandait comment la voix peut passer à travers les tortillons du fil. J'ai le fil autour de mon cou. J'ai ta voix autour de mon cou . . . . Il faudrait que le bureau nous coupe par hasard. . . . . Oh! mon chéri! Comment peux-tu imaginer que je pense une chose si laide? Je sais bien que cette opération est encore plus cruelle à faire de ton côté que du mien. . . . . non. . . . . non, non. . . . . À Marseille ?

57

. . . . Écoute, chéri,
puisque vous serez à Marseille après
demain soir, je voudrais . . . . enfin
j'aimerais . . . . j'aimerais que tu
ne descendes pas à l'hôtel où nous des-
cendons d'habitude. Tu n'es pas fâché?
. . . . Parce que les choses
que je n'imagine pas n'existent pas, ou
bien, elles existent dans une espèce de
lieu très vague et qui fait moins mal . . .
. . . . tu comprends? . . . .
. . . . . . Merci. . . . . merci.
Tu es bon. Je t'aime. (Elle se lève et se
dirige vers le lit avec l'appareil à la main.)

Alors, voilà . . . . voilà . . . .
. . . . J'allais dire machinalement :
à tout de suite . . . .
. . . . J'en doute . . . .
. . . . On ne sait jamais . . . .
. . . . . Oh! . . . . c'est mieux.
Beaucoup mieux . . . . (Elle se
couche sur le lit et <u>serre l'appareil dans ses bras.</u>)

↳ *l'appareil comme
représentation/trans
de l'homme*

Mon chéri . . . . mon beau
chéri . . . . Je suis brave.
Dépêche-toi. Vas-y. Coupe! Coupe vite!
Coupe! Je t'aime, je t'aime, je t'aime, je
t'aime, je t'aime . . . .

le fil est cassé

(Le récepteur tombe par terre.)

elle est morte?

RIDEAU

– contradictions

*• Elle sait les choses, mais elle
ne veut pas les accepter*

– combat

① femme contre l'homme

② femme contre elle-même

★ impossible/vain

– DOULEUR

Composition Euronumérique
92120 Montrouge

*Achevé d'imprimer en juillet 2011
sur les presses de la Nouvelle Imprimerie Laballery
à Clamecy (58)
pour le compte des Éditions Stock
31, rue de Fleurus, 75006 Paris*

Imprimé en France

Dépôt légal : juillet 2011
N° d'édition : 04 - N° d'impression : 107092
54-51-5444/2